NOTICE

Sur les premiers principes de la Musique à l'usage des commençants.

[Pub]LIÉ À PARIS
Par
[L]EBEAU AINÉ
[Ins]tituteur et Professeur
de Musique.

Revue et augmentée de leçons de solfège sur tous les Intervalles et suivis de 18 exercices écrits pour être étudiés simultanement sur les clefs de Sol et de Fa.

Par
AUGUSTE LEBEAU
Ex Instituteur spécial de Chant dans les Ecoles de la Ville de Paris.

Signes servant à mesurer la durée des sons.

DÉNOMINATION
Figures de Notes.

Ronde. | Blanche. | Noire. | Croche. | Double Croche | Triple Croche | Quadruple Croche.

Signes servant à mesurer la durée des repos.

DÉNOMINATION
Figures de Silences.

Pause. | 1/2 Pause. | Soupir. | 1/2 Soupir. | 1/4 de Soupir. | 1/8 de Soupir. | 1/16 de Soupir.

N.a Remarquez que les figures de notes ou de silences sont placées par ordre décroissant toujours de moitié; ainsi: la Blanche vaut la moitié de la Ronde, la Noire la moitié de la Blanche etc. etc. etc. par conséquent la Ronde dure autant que deux Blanches etc.

La portée est un assemblage de 5 lignes qui se comptent de bas en haut, servant à placer les notes; lorsqu'elle est insuffisante, on place des lignes supplémentaires au dessus et au dessous.

Lignes supplémentaires.

5 4 3 2 1 Lignes. 1 2 3 4 Interlignes.

Lignes supplémentaires.

FIGURES DES CLEFS. La Clef donne son nom à la note, posée sur la même ligne qu'elle.

CLEF DE SOL. SOL. CLEF DE FA. FA. CLEF DE DO. DO.

Pour connaitre le nom des autres notes on suit l'ordre de la gamme en montant ou en descendant à partir de la ligne ou la clef est placée

FIGURES D'ACCIDENTS. Ces signes servent à modifier le son des notes devant lesquels ils sont placés.

DÉNOMINATION.	Dièze ♯	Bémol ♭	Bécarre ♮
FONCTION.	Indique qu'il faut élever le son d'un $\frac{1}{2}$ ton.	Indique qu'il faut abaisser le son d'un $\frac{1}{2}$ ton.	Il détruit l'effet du ♯ ou du ♭.

FIGURES DES RENVOIS.

On écrit souvent sous ces signes Da Capo, al Segno ou simplement D.C.

FONCTION. Retourner au pareil signe.

BARRES SÉPARATIVES DES MESURES ET POINTS D'ORGUE ET DE REPOS.

Paris, au Magasin de la MUSIQUE POPULAIRE N. L. 179. 274 Rue St Honoré LEBEAU ainé Editeur.

EXERCICES DE LA GAMME. La gamme se compose de huit notes et contient cinq tons et deux demi tons.

GAMME SOLFIÉE.

Le professeur fera entendre cette gamme plusieurs fois et la fera ensuite répéter par les élèves.

REMARQUE. Il y a 7 notes dans la Musique mais on voit que pour solfier la gamme il est nécessaire de répéter le nom de la 1ère note ce qui donne le nombre huit pour faire une gamme entière comme nous l'avons dit ci-dessus.

ÉTENDUE DES VOIX DU GRAVE A L'AIGU.

Etude pour habituer les élèves à répéter le même son plusieurs fois de suite nous n'écrivons le nom que sous la première note de chaque degré.

(1) Ce cercle avec un point dessous se nomme point d'arrêt et indique que l'on peut rester sur la note le temps que l'on veut.

ÉTUDE DE L'INTERVALLE DE TIERCE.
Do Ré Mi Fa Sol La Si Do Ré
Do Ré Mi Fa Sol La Si Do Ré
Do Si La Sol Fa Mi Ré Do Si
Do Si La Sol Fa Mi Ré Do Si
ÉTUDE DE L'INTERVALLE DE QUARTE.
Do Ré Mi Fa Sol La
Do Ré Mi Fa Sol La
Si Do Ré Mi
Si Do Ré Mi
Mi Ré Do Si
Mi Ré Do Si
La Sol Fa
La Sol Fa
ÉTUDE DE L'INTERVALLE DE QUINTE.
Do Ré Mi Fa Sol La Si
Do Ré Mi Fa Sol La Si
Do Ré Mi Fa
Do Ré Mi Fa

Fa Mi Ré Do Si La Sol Fa
Fa Mi Ré Do Si La Sol Fa
Mi Ré Do
Mi Ré Do
ÉTUDE DE L'INTERVALLE DE SIXTE.
Do Ré Mi Fa Sol La Si Do
Do Ré Mi Fa Sol La Si Do
Ré Mi Fa Sol
Ré Mi Fa Sol
Sol Fa Mi Ré Do Si La Sol Fa
Sol Fa Mi Ré Do Si La Sol Fa
Mi Ré Do
Mi Ré Do
ÉTUDE DE L'INTERVALLE DE SEPTIÈME.
Do Ré Mi Fa Sol La Si Do Ré
Do Ré Mi Fa Sol La Si Do Ré

Mi
Fa
Sol
Mi
Fa
Sol
Sol Fa Mi Ré Do Si La
Sol
Fa
Sol Fa Mi Ré Do Si La
Sol
Fa
Mi
Ré
Do
Mi
Ré
Do
ÉTUDE DE
L'INTERVALLE
D'OCTAVE.

RÉSUMÉ DES INTERVALLES PRÉCÉDENTS.

ETUDE DE LA MESURE A DEUX TEMPS.

2 Levez
1 Frappez

Se marque par un 2 ou $\frac{2}{4}$ division binaire.

Nous prenons la noire pour unitée c'est donc deux noires entre chaque barre de mesure (Une mesure.) puisque nous étudions la mesure à deux temps.

Il est absolument nécessaire de faire d'abord solfier chaque exercice sans mesure avec des durées égales.

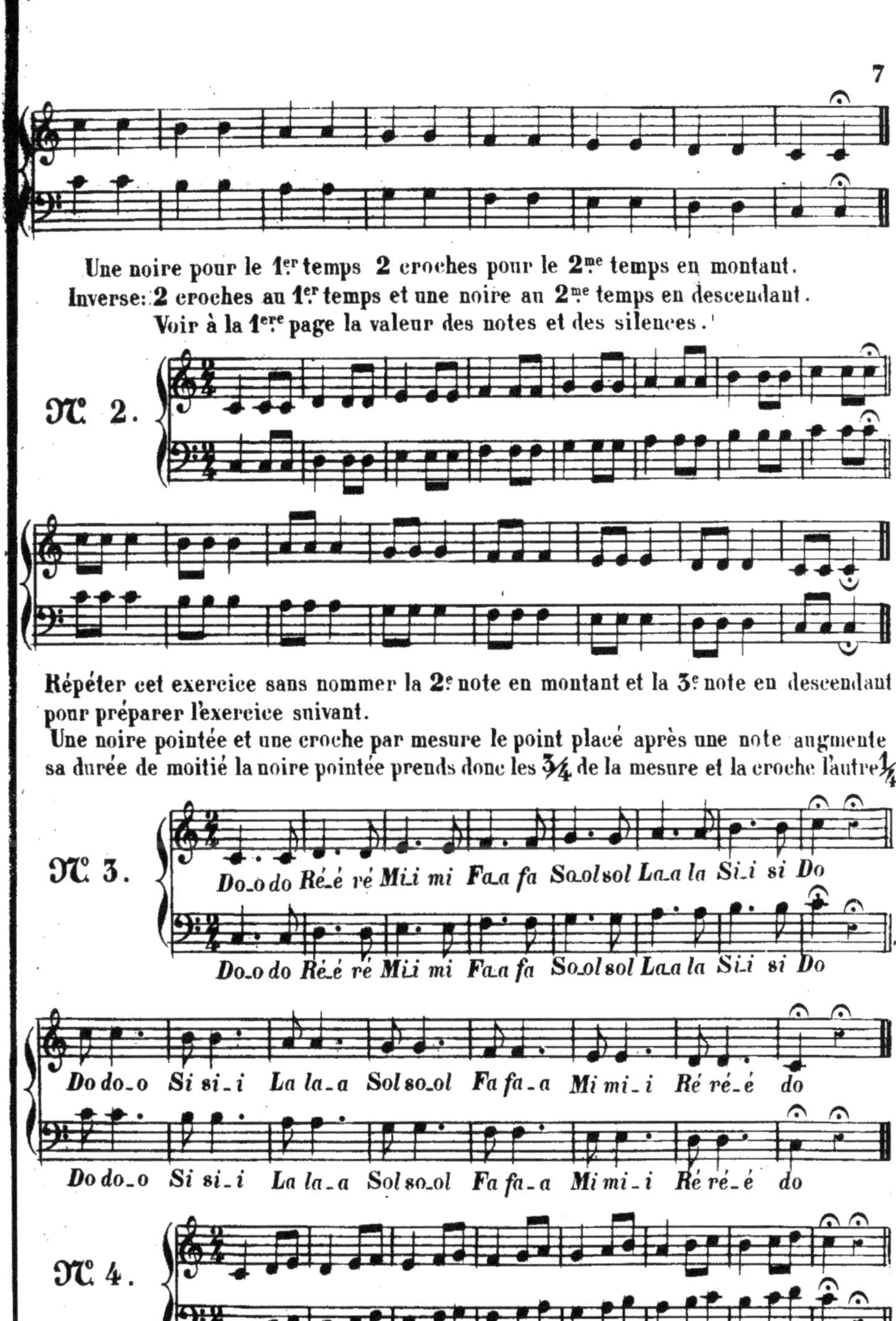

Une noire pour le 1.er temps 2 croches pour le 2.me temps en montant.
Inverse: 2 croches au 1.er temps et une noire au 2.me temps en descendant.
Voir à la 1.ere page la valeur des notes et des silences.

Répéter cet exercice sans nommer la 2.e note en montant et la 3.e note en descendant pour préparer l'exercice suivant.
Une noire pointée et une croche par mesure le point placé après une note augmente sa durée de moitié la noire pointée prends donc les 3/4 de la mesure et la croche l'autre 1/4

Nº 5.
Do_o Ré_é Mi_i Fa_a So_ol La_a Si_i
Do_o Ré_é Mi_i Fa_a So_ol La_a Si_i
Ré_é Do_o Si_i La_a So_ol Fa_a Mi_i
Ré_é Do_o Si_i La_a So_ol Fa_a Mi_i
Nº 6.
MESURE A TROIS TEMPS
Se marque par un 3 ou 3/4 division binaire.
Nº 7.
Nº 8.

Nº 9.
Nº 10.

MESURE A QUATRE TEMPS 2 4/1 3

Se marque par un C ou un 4 division binaire.

Nº 11.

Nº 12.

On peut encore dire ces deux exercices
de deux autres manières.

N° 13.

N° 14.

On peut encore dire ces deux exercices
de deux autres manières.

1º Un 2º Un

Nº 15.
Nº 16.
On peut encore dire ces deux exercices
de deux autres manières.
1º
Un
2º
Un
Nº 17.
N. L. 179.

N° 18.
N° 19.

Nº 20.
Nº 21.
Nº 22.

Reprise de la mesure à 2 temps après la solmisation sans mesure battre d'abord à 4 temps avec la valeur d'une croche pour chaque temps.

Nº 23.

Nº 24.

Nº 25.

Nº 26.
Nº 27.
Nº 28.
Nº 29.

(1) Pour bien faire le Fa naturel après le Sol ♯ pensez au Mi. Pour faire le Sol ♯ après le Fa naturel pensez au La.

Nº 33.
Nº 34.
Nº 35.
Nº 36.

Nº 37.
Nº 38.
Nº 39.

Nº 40.
Nº 41.
Nº 42.

N° 43.
N° 44.
N° 45.

Nº 46.

REPRISE DU TON DE DO MAJEUR.

Avec les mesures à temps ternaires (divisés en trois)

Nº 47.

(1) Dans les mesures a temps binaires (divisés en deux) la mesure étant indiquée par une fraction comme $\frac{2}{4}$ $\frac{3}{4}$ le numérateur indique le nombre des temps et le dénominateur la valeur entière de chaque temps relativement à la Ronde mais dans celles à temps ternaires (divisés en trois) $\frac{6}{8}$ $\frac{9}{8}$ $\frac{12}{8}$ le numérateur représente le nombre des temps multiplié par trois et le dénominateur la valeur du $\frac{1}{3}$ de chaque temps.

Ces exercices sont réellement écrits avec la mesure à $\frac{6}{8}$ (Mesure à deux temps ternaires) mais on devra les étudier d'abord en prenant chacun des temps du $\frac{6}{8}$ comme une mesure à $\frac{3}{8}$ avec une croche pour chaque temps puis ensuite en battant la mesure à 2 temps avec trois croches par temps.

Nº 50.
3/8 ou 6/8
Nº 51.
3/8 ou 6/8
Nº 52.
3/8 ou 6/8

La liaison relie une ou plusieurs notes ensemble.

La syncope commence au faible d'un temps et fini au temps fort suivant.

Nº 53.

3 ou 6
8 ou 8

Ré_é Mi_i Fa_a So-

Ré_é Mi_i Fa_a So-

-ol La_a Si_i Do_o Mi_i Ré-

-ol La_a Si_i Do_o Mi_i Ré-

-é Do_o Si_i La_a So_ol

-é Do_o Si_i La_a So_ol

Nº 54.

3 ou 6
8 ou 8

So_ol La_a Si_i Do-

So_ol La_a Si_i Do-

-o Ré_é Si_i La-

-o Ré_é Si_i La-

-a So_ol Fa_a Mi_i Ré_é Do_o

-a So_ol Fa_a Mi_i Ré_e Do_o

N° 55.

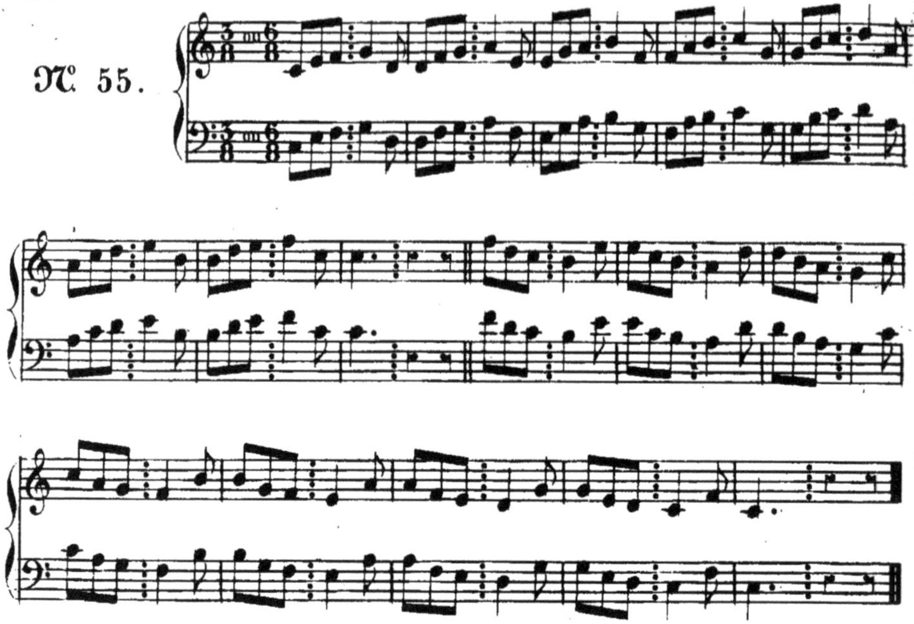

N° 56.

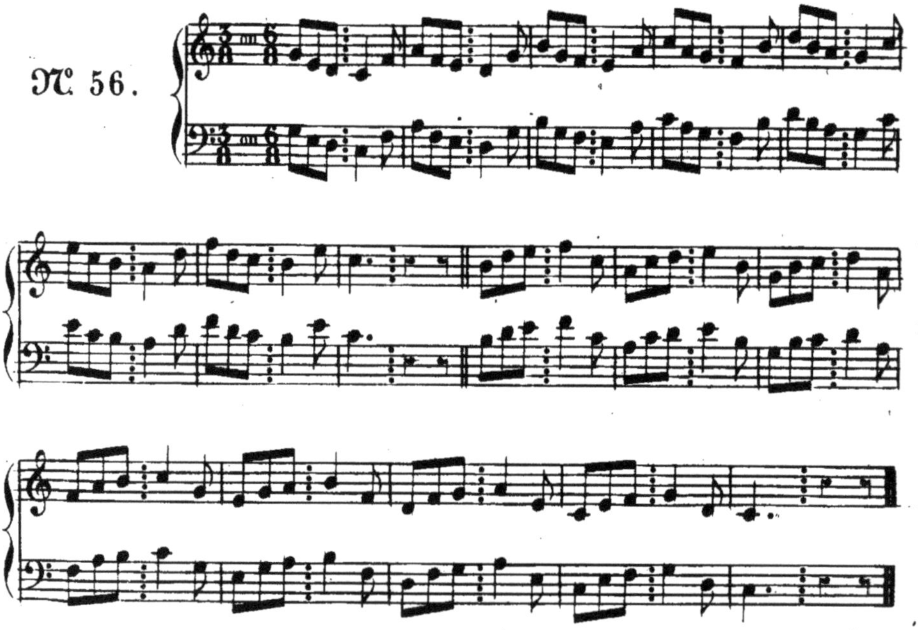

REPRISE DU TON DE LA MINEUR.

N° 57.

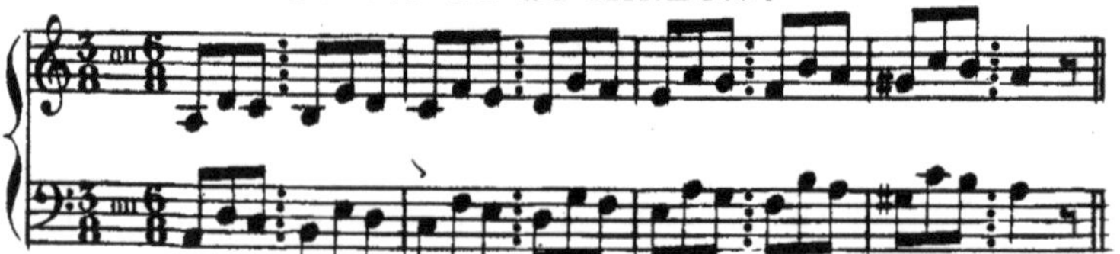

N° 58.
3/8 ou 6/8
N° 59.
3/8 ou 6/8
N° 60.
3/8 ou 6/8

N° 61.

N° 62.

№ 63.

N° 64.
N° 65.

N. 66.
12
8

N. L. 179. Imp: Salme 20 Rue de la Poterie.